동천의 낯선 섬

은정 시인은 2017년 ≪리토피아≫로 등단했다. 리토피아문학회 회원이며 막비시동인으로 활동하고 있다.

e메일 : jkm753@daum.net

리토피아포에지 · 150
동천의 낯선 섬

인쇄 2023 7. 10 발행 2023 7. 15
지은이 은정 펴낸이 정기옥
펴낸곳 리토피아
출판등록 2006. 6. 15. 제2006-12호
주소 21315 인천시 부평구 평천로255번길 13, 903호
전화 032-883-5356 전송032-891-5356
홈페이지 www.litopia21.com 전자우편 litopia@hanmail.net

ISBN-978-89-6412-186-3 03810

값 14,000원

은정 시집

동천의 낯선 섬

리토피아
LITERATURE & UTOPIA

시인의 말

시간은 협곡을 구르는 돌이 되고 있다.
모든 것을 지배한다.
언제부터였을까.
채근에 웃어넘기느라 입술이 마른다.
막막함을 지나는 바람에 물어보기도 했다.
그늘에 가려 늦게 핀 꽃에게 마음 주면서,
보랏빛 산을 건너가는 안개 속에서 답을 찾기도 했다.
묵묵하게 흘러가는 시간 속 일상의 조각들을 모아,
더운 가슴으로 쓴다.

2023년 여름
은 정

차례

제2부

제3부

제4부

| 제1부 |

도라지꽃

무엇이 그리워 기린 목으로 울 밖을 넘보고 있을까.
얼마나 기다렸기에 보랏빛 울음을 저리 굳게 참고 있을까.
바람이 흔들어도 빗방울이 때려도 앙다문 저 굳은 의지.
어느 새벽 아무도 눈치채지 않게 마른 입술 이슬로 축인다.
그제야 방긋 피어난 꽃,
속내를 다 열어 세상을 담는다.
길섶에 서 있는 도라지꽃,
함부로 터트리지 말아 주세요.

웃음 바이러스

아가.
되뇔 때마다 더워지는 가슴.
봄 햇살 받고 또박또박 걷는 미쁨,
뭉클한 살가움,
아무것도 아닌 이름의 아름다움,
머뭇거리며 사는 인생에 꽃 같은 선물,
이른 아침 깨어나는 세상처럼 빛나는 목격.
동그라미 하나를 그리고 그 안에 그득하게 가둔 마음.
웃고 싶은 이유가 생겼다.
이제 웃어도 될까.
목 놓아 웃는다.

반성

마른 바람이 젖은 머리를 만지고 지나간다.
시간의 공격을 웃어넘긴 잘못이다.
방금 지나간 바람이 선 하나를 또 그어놓고 간다.

시간 밖으로 도망칠 방법도 모른 채 어제가 쌓여간다.
서너 개의 접시를 깨트리고 돌아오는 길.
의도하지 않은 덜 여문 말을 사용하지 않았는지 돌아본다.

숨을 뱉어 놓은 가랑잎은 스스로 힘을 내려놓는다.
시간 따라 비워가는 몸을 거미줄들이 감아가는 중이다.
아무것도 바라보지 않고 마음이 날아가도록 눈을 감는다.

맨드라미꽃

맨드라미꽃 닮은 할머니들의 이야기가 길가에 질펀하다.
서로 묻는 안부들이 조붓한 맨드라미꽃밭을 만들고 있다.
빨간 물방울무늬 노란 줄무늬 향기 섞인 꽃들이 흔들린다.

새벽을 살짝 열어 조금 지친 꽃들을 밀어 넣어 주고 싶다.
반짝이는 이슬 머금은 앳된 꽃잎으로 한낮의 꿈을 꾸도록.

하다만 이야기는 주머니에 넣어두고 주춤주춤 일어난다.
버스가 도착하여 몇몇이 떠나도 그림은 그대로다.

공기는 파동 치며 일어섰다가 다시 꽃 위에 주저앉는다.
한낮의 날카로운 햇볕에 시들어가는 꽃잎을 바라본다.

찔레꽃 가시

찔레꽃잎 입에 물면 산기슭을 울어대던,
어머니 울음소리 생각난다.
어린 딸을 묻고 꺼이꺼이 흐느끼던 그 길,
무명 치마 닮은 찔레꽃 필 때면,
엄마는 내 손을 잡고 꽃잎을 따러 간다.
가시 사이 살랑거리는 꽃잎을 따며,
옛날얘기처럼 언니를 떠올리신다.
찔레꽃 핀 후미진 길가,
조그마한 무덤을 찾아 눈물바람 하시던 어머니.
너무 일찍 별이 된 언니는,
엄마 가슴에 핀 찔레꽃 가시였다.

어머니의 은장도

서른여덟에 혼자되어 일곱 남매 품어 안고 움켜쥔 세월을 아흔일곱에 드디어 놓으셨네.
그 나이 짚어보니 어머니의 붉디붉은 오월이었네.

견고했던 언덕이 깊이를 알 수 없는 늪으로 변해 버렸네.
막막한 발걸음을 어찌 내딛었을까.

빈집을 정리하는데 어머니 가슴팍 같은 깊은 장롱 속에서 주인 잃은 은장도 하나 숨죽여 울고 있네.

몇 번이나 날을 세우고 으름장을 놓으며 깃을 여몄을까.
한 번이라도 가슴 열어 배꽃 같은 청춘을 꺼내나 보았을까.
그날의 날 선 시간이 손바닥에서 시든 꽃으로 주저앉고 있네.

어머니의 바람

밭일하시던 어머니 딸 오는 기척에 옷자락을 날린다.
발보다 마음이 먼저 성큼성큼 밭이랑을 넘는다.
달려가 품에 안기니, 주름진 얼굴에 박꽃 웃음이 피어난다.

곁에서 도란도란 얘기를 나누며 일을 돕는다.
불어오는 바람에 희끗희끗한 귀밑머리가 애잔하다.

두 팔 벌리고 바람을 안으며 시원하다 하니,
네 신랑 품에서 오는 바람 일게다 하신다.
아마도 어머니 품에서 내어주는 바람이었겠지.

세월 흘러 어머니의 시간은 소멸되었지만,
그 바람의 향기 지금도 내게로 불고 있다.

혹여 먼 곳에서 딸 오는 기별 기다리지는 않으실까
어머니의 얼굴에 올해도 하얀 박꽃이 핀다.

낯선 섬

동천의 한가운데 낯선 섬이 생긴다.
어느새 푸른 이끼와 풀들이 섬을 감고 섬을 이룬다.

주민은 왜가리 한 마리
그마저도 좁아서 맨날 다리 하나로 섬을 지킨다.

누추한 잿빛 두루마기 바람 깃 여미며 미동이 없다.
학보다도 더 흰 새 옷 한 벌 지어 입히면 학이 될까.

먼 산 바라보는 근엄한 눈이 가끔씩 물속에 번뜩인다.

아버지 흰 두루마기 동구 밖 어두운 길 학처럼 오시네.
어린 딸이 뛰박질로 마중을 간다.

그때가 겨울이지요

겨울이 언제인지 물으셨나요.

식탁 밑 내 발이
그의 발을 더듬을 즈음이면
겨울이 온 게지요.

차디찬 내 발 위에
따뜻한 그의 발이 슬그머니
포개지지요.

그러면 겨울은 온 거랍니다.

사슴에게

어스름 새벽 검은 실루엣 발길을 붙든다.
마른 갈대 속 사슴의 무리, 밤새 생긴 그들의 마을이다.

긴 겨울 산을 버리고 어둠을 더듬어 내려온 눈에는 겁먹은 기색이 역력했지만, 허기보다는 가벼웠나 보다.

분주한 그들만의 시간.
우뚝 선 몇에게 물은 조잘대며 걱정을 덜어준다.

사슴의 푸른 꿈은 멀고 마른 갈대들은 허겁지겁 사라진다.

조금만 비켜서서 우리랑 살자고.
마음의 땅 내어주면서 산에서 온 그들의 안부를 묻는다.

아침 산행

은실처럼 안개비 나풀거리는 아침 산행을 따라나선다.
앞서가는 그의 머리가 하얀 안개를 이고 간다.
저만치 나무들의 행렬에 함께 서 있는 한 그루 나무다.

숲은 비의 결정들이 매달려 채워지는 기다림이 즐비하다.
후두둑 잘못 건드린 감정들이 쏟아진다.
산을 타는 건 언제나 푸릇한 냄새와 작은 움직임들의 미세한 소리에 박자를 맞추는 행로다.

정상 돌덩이에 걸터앉아 목을 축이니 굵어진 빗방울들이 우르르 뛰어든다.
수직으로 내리꽂는 열정이 겨우 내 물잔 속이라니.
무모함은 어떤 도전일까.

진달래꽃 어깨에 기대어 처녀처럼 싱긋 웃는다.
빗물 털어낸 꽃잎 하나 찻잔에 띄우니 봄맛이 입안에 송어리 째 피어난다.

가을이라서 그래

밤새 얇아진 이불이 너였구나.
가을, 기별도 없이 오는 건 똑같네.
기다림은 익숙해지지 않아.
예쁜 것들 가득 안고서 왔네.
그래 가을, 예쁘니까 봐줄게.
새벽처럼 오는 너는 어쩌지 못해.
그래서 끝없이 너를 뒤적이고 있어.
무언가 있기를 바라기 때문이야.
나의 낮은 아직도 꿈에 물들어 있어.
보이지 않는 것을 보는 것,
느끼지 못한 것을 느끼는 것,
당돌한 빗줄기처럼 백지 위를 휘갈길 수는 없을까.
같은 질문을 가을에게 수없이 묻고 있다.

바람을 만지면

벚꽃 터널을 달리는 차창을 열고 바람을 만진다.
꽃의 속내가 이리도 부드러울까.
바람이 한 움큼씩 둥글게 쥐어진다.

열려진 봄 문에 걸린 아련한 그림 하나,
흐르는 음악처럼 그날도 벚꽃이 휘날리고 있었지.
꽃가지 꺾어 든 골목길이 볼록거울 속으로 돌아간다.
방금 떨어진 꽃잎은 울 준비를 하거나 울고 있을 것이다.

마을 뒤편에 뭉게구름처럼 벚꽃이 흐드러지면,
화전놀이 엄마들 치마가 나붓나붓 나비 떼처럼 너울댄다.
장고소리 노랫소리도 덩달아 골목길을 내달린다.

엄마들의 일탈이 온 동네잔치가 되어 곡진하게 취한다.
하얀 이마가 된 볕에 붉게 그을릴 시간들이 기다리고 있다.
그 너머,
들썩이는 어깨 위로 아픈 몸짓들이 꽃등에 업혀 온다.

말간 구절초

산길에 서면 이슬로 씻은 말간 얼굴 구절초가 웃고 있다.
늘 그런 줄 알았던 가을 아침.

오늘은 그들이 까칠한 표정으로 쌩하니 지나간다.
뒤이어 산국화도 땅만 보며 따라간다.
무슨 일일까.
오늘은 저들이 먼저 서둘러 지나가네.

서운했나 보다.
이름이라도 불러 줄걸, 예쁘다고 말해 줄걸.

어떤 것도 마냥 기다려 주지 않는다는 걸 잊은 탓이다.
미소 짓기 위한 오랜 날의 고단함에 씁쓸함이 묻어있다.
이미 기울어진 마당이다.

창이 그리는 그림

하루를 다 담아내어도 넉넉한 창에 희부연 새벽 그림이 드러난다.

어느 집 불빛으로부터 시작하여 차츰 뚜렷하게 채색한다.
어제 본 그 그림이다.
하도 익숙하여 눈을 감고도 다시 그려낼 수 있는 하루다.

장맛비 물러난 하늘은 잘 차려입은 신사처럼 깔끔하다.
솜 같은 뭉게구름 넌지시 잡아당겨 이불 삼고 싶어진다.

어제와 오늘은 너무 닮아 있어서 시간 속에 숨는다는 사실을 외면한다.

나이테 같은 묵묵한 시간들을 창은 쉼 없이 그리고 지운다.

그들의 뒷모습

빠르게 재우쳐 걸어가는 남자, 곧게 선 등에 찬바람이 미끄러진다.
뒤미처 엉거주춤한 여자 발길에 굴욕이 따라간다.

배려 없는 남자의 몸짓, 뒤따르는 여자의 급한 발걸음, 길이 기우뚱한다.

떨어진 낙엽은 저들의 시간표대로 천천히 어딘가로 날아간다.

보여 지는 모습이 전부는 아닐 테지만 높이 솟은 어깨의 억지인가,
몸이 마음을 감추지 못하는 것인가.

잔 노을이 여자의 다소곳한 어깨 위에서 흔들린다.
뒤따라가는 발자국소리 남자 등으로 꽂힌다.

망초꽃의 잠자리

고추잠자리가 늙은 망초 꽃대에 앉아있다.
불안한 마음은 살랑거리는 바람에도 콩닥거린다.
날개도 접지 못하고 꽁지가 들썩인다.

가느다란 다리가 궁금한 눈이 엿보는데도,
하나에만 집착해 땡볕에 온몸을 달달 볶는다.

날개는 가벼워 짓눌린 마음 한 자락 옮길 수 없어,
덜 익힌 시간을 움켜쥐고 있다.

발끈하던 바람이 잠자리의 날갯짓을 가득히 품어 준다.
날개의 농담을 익히기 위하여 지킨 시간이 외롭지 않겠다.

빛이라는 커다란 화폭 속에 잠자리의 그림자가 서 있다.
쏟아지는 햇살 속에 잦아들어 고요한 풍경이 된다.

아픔의 무게

헛기침으로 막힌 목이 뚫리지 않는다.
산으로 가는 길은 남쪽이 수월하여,
낙엽 한둘 떨어지는 속으로 자박자박 걸어본다.

바람에 떠밀려가던 나뭇잎 벤치에 동그마니 앉아있다.
햇살은 엉덩이만 걸치고 있다가 땅으로 툭 떨어진다.

아픔의 무게를 재는 동안 오후가 어딘가로 흘러가고 있다.

애틋한 강아지 무덤가에서 물 한 모금으로 위로를 건넨다.
들꽃을 분질러 화환 대신 꽂아주며 페이지를 넘긴다.

돌아보는 저기 상처 싸맨 푸른 헝겊들이 많이도 나부낀다.

어린 부부

엊저녁까지 봄바람이었는데 밤사이 시베리아 벌판이다.

재재거리던 아가들도 조용하니 가시방석이 따로 없다.

난 저들의 어쭙잖은 어른인데 밥상머리가 자갈밭이다.

간신히 위로 하나 건네는데 눈물이 후두 둑,

들썩이는 작은 어깨가 애처롭다.

무구한 눈물 속에 잘못 없는 반성을 한다.

고운 속 여린 마음이 저릿하게 느껴온다.

그렇게 새파란 시간을 견디어야 어설픈 어른이 되는가.

내 속에 어린 티는, 아직 늙지 못해 서럽다.

집으로 가는 길

낯익은 골목을 들어서면 오래된 노랫소리가 들린다.
하다가 그만둔 이야기들이 다시 생기를 찾는다.

난데없이 이사 온 키 큰 소나무들 성긴 잎 새가 흔들린다.
잎사귀들 흔들릴 때마다 빛이 일렁이며 환영의 춤을 춘다.

아직 따라오지 못한 마음을 젖은 눈으로 건너다본다.
속절없는 시간 속에서 길었던 하루해와 나란히 눕는다.

서두르는 발길이 골목 끝에서 곡선으로 휘어진다.
바람 한 줄기 길을 내며 지나간다.

뒤척이는 선잠 속에서 멈춰버린 시간들을 깨운다.
마음이 앞서서 작은 영토에 도착한다.

꽃을 든 손

산에 다녀온 그의 손에 진달래꽃이 쥐여 있네.
올봄 들어 처음 대면한 꽃이네.
날 위해 꺾었을 마음을 크게 보듬어 안네.

아직 꺾인 줄 모르는 꽃잎은 해사한 햇살에 빛나고,
봄 물든 산이 아름으로 차오네.

안과 바깥의 깊은 괴리다.
무뚝뚝한 손에 가냘픈 꽃이라니,

한 치의 사람 속은 얼마나 깊은 걸까.
얼마나 더 살아야 그를 알 수 있을까.
각자의 속에 깊은 우물이 퍼렇게 고여 있네.

| 제2부 |

목련꽃 지는 봄

봄비 흩뿌리는 날 젖은 빨래처럼 자목련 꽃이 널브러졌다.
엊그제만 해도 발그레 햇물이 들어 곱더니만,
하루를 수십 년처럼 사느라 지쳤는지 툭툭 떨어진다.

바람 난 동네 처녀 밤 봇짐 싼다는 봄이다.
사방에서 봄이 타고 있다고 아우성이다.

사람살이 하느라 마음 고랑 하나 책갈피처럼 접어두었다.
나도, 누구도, 오가지 않아 지워진 길을 다시 닦는다.

마음 빗장 열어 봄의 이야기를 들마루에 앉아 들어야겠다.
저만치 툭툭, 목련꽃 지는 소리 들린다.

거울 앞에 서면

보고 또 보고, 보고 또 보는 거부할 수 없는 유혹.

그 앞에 서기만 하면 또 다른 나와의 대면이 버거워진다.

붙박이로 집 벽에 기대선 그와는 타협이 이루어져 있어서 도드라진 주름살도 무릎 나온 바지도 우길 수 있어 좋다.

하지만 집밖 세상의 거울 속은 언제나 낯설고 어설프다.

풀을 먹여 꼿꼿한 무명옷을 담금질하듯 설익어 곧추세운 몸을 낮춘다.

타인의 시선에 눈 둘 곳 몰라 서툰 몸짓으로 시간의 징검다리를 건너뛰고 있다.

흔들리는 밤

낮 동안 입안에 맴돌던 노랫가락이 밤새 이불을 걷어찬다.
머릿속을 비우려 돌아누워도 눈꺼풀은 깃털처럼 가볍다.
새벽이 올까 했지만, 시간은 잰걸음으로 삶을 덜어낸다.
눈먼 그림자처럼 밤을 가로질러 새벽 문을 더듬거린다.
개운치 못한 선하품이 어둠의 끝자락에 걸려 비틀거린다.
눈시울에 고인 밤을 서러워하며 서쪽 하늘을 바라본다.
색 바랜 달이 빈 둥지를 환히 비추고 있다.

나목

정원에 서 있는 나무들 우듬지가 빗살처럼 가지런하다.

살이 시린 깊은 계절 치장했던 것들을 다 털어내고 있다.

발 벗은 가지들을 멀리 허공이 파랗게 보듬어 안았다.

빠르게 왔다 가는 계절에 대한 예의는 정갈하다.

후회하거나 뒤돌아보지 않아도 저만큼에서 성큼성큼 다가오는 또 다른 계절이 있을 뿐이다.

남향으로 몸을 틀어 해를 받아들이고 거센 바람은 비켜서면서 견딤을 배운다.

계절은 마련하며 비우며 살라고 바뀌는 것일지 모른다.

남은 이파리들 파르르 떨리는 소리에 소름이 돋는다.

바람만바람만

너무 빨리 와 버린 시간이 더 갈 수 없는 한 해의 끝에,
맨발로 쫓겨난 아이처럼 울음을 물고 있다.

괜한 조바심으로 오지랖을 펴 보지만,
꼭 쥔 손힘조차 빼지 못하고 창 너머 짐승처럼 번뜩이는
어둠을 밀어내고 있다.

쉼표 같은 마지막 종소리는 멈추었고,
발밑을 간질이며 밀물처럼 태어난 시간은 벌써 와 있다.

아직 만나지 않은 불꽃같은 바람 하나 품고,
이 밤 지나온 시간을 새로 오는 시간에 덧대어 깁고 있다.

금목서[*]

가을 초입 별빛처럼 쏟아지던 진한 향,
깊이깊이 들이마셔도 멈추지 않는 갈증,

성급한 마음에 가까이 다가서면,
비밀한 그들의 대화가 노란 향으로 소란스럽다.

시샘하듯 어제 내린 비는 바람을 데려 오고,
여지없는 냉소에 어린 꽃들 선택은 없었다.

별들처럼 땅 위에 제 그림자를 덮고 처연하다.
나무의 겨드랑이만큼 땅 둘레가 발그레 꽃물이 든다.
새초롬한 모습 오가는 눈길을 잡는다.
꽃은 꽃이다.

[*]금목서: 물푸레나무과의 꽃나무

회상

먼지 같은 송홧가루가 세상을 뽀얗게 분칠한다.
창문을 닫아걸어도 염치없이 구석까지 비집고 들어온다.
흔적이 선명하다.

닦아내다가 돌아보면 봄볕에 찍힌 발자국이 따라온다.
지우고 돌아서면 얼룩진 지난날까지 묻어서 함께 온다.

달콤했던 시절은 숨은 기억을 더듬어 지금을 견디고 있다.
멍치끝 상실은 동그랗게 버려졌다.

마음이 나이만큼의 두께로 단단해진 덕에 한결 여유롭다.
오롯이 그녀만 쳐다보는 시간이 쓸쓸하고도 달콤하다.

밀당

곱게 감은 눈에 입술을 대면 깊은 우물과 마주친다.
배시시 미소 지으며 돌아눕는 등에 얼굴을 묻는다.
까르르 잔물결 일렁이는 소리가 방안을 굴러다닌다.
심술이 나면 웃음기 거두기 전에 눈물이 또르르 떨어진다.
마르지 않는 샘이다.
맘마 먹자고 들이대면 놀이하자고 휘두른다.
옷 입자고 하면 낚아채서 달아난다.
날마다 어린 폭군 앞에서 꼼짝 못 하고 어르고 달랜다.
밀당이 힘에 부쳐도 주름에 묻은 웃음은 늙지 않는다.

갈증 해소

저 많은 눈이 내렸는데 밤은 그지없이 고요했다.
새벽잠을 배려해서 까치발로 날아온 걸까.
백지 같은 흰 눈밭에 소리 없는 환호성을 갈겨쓴다.

눈먼 겨울이 길을 잃어 오락가락하다가 뿌린 씨앗 눈.
저녁부터 하늘이 무겁더니 검은 밤이 하얗다.
해갈 되는 목마름 두 손으로 받으며 걸음이 발랄하다.

저만치 앞서간 발자국에도 반가움이 듬뿍 묻어있다.
눈을 잡고 왈츠라도 추었는지 빙빙 돌다가 미끄러진다.
무심한 시간이 성큼 앞서간다.
종종걸음으로 뒤따라간 발자국도 지그재그다.

오랜 가뭄이 남겨준 상처들 포근히 감싸준다.
풀썩이는 흙먼지 차분해지는 이유를 흰 눈은 알까.
성글어지는 눈송이에 맞은 눈이 아파서 눈물이 난다.

칭찬한다, 봄

기어이 오고야 마는 봄,
조붓한 골목까지 찾아온 봄,
겨울의 각질을 온몸으로 떼어내고 생글거리는 봄,
봄이 새겨놓은 저 찬란한 빛 골고루 나누어 가졌구나.
색깔도 다투지 않고 다르게 취하였구나.
퍼런 창공에 우아하게 바스러지는 하얀 목련,
둥그런 엉덩이 깔고 앉아 노랗게 피워 올린 민들레,
아기별 같은 키 작은 광대 꽃까지,

어느 한 곳 빠트리지 않고 맞추어 놓은 구색이 좋아,
귀한 모습 보고도 또 보러 가는 봄,
천변에 구름처럼 흐드러진 벚꽃 아래 사람들이 봄빛이다.
꽃들도 사람들도 서로를 구경하느라 소란스럽다.
어린 새싹들이 놀러 나온 놀이터 미끄럼틀도
텅 비어있는 허공으로 무럭무럭 자란다.
자랄 대로 자라 거라 봄아, 거침없이.
언덕을 넘어 몽실몽실 오는 봄, 너를 칭찬한다.

시 톤의 아이들

점잖은 적이 없는 아이들의 몸은 도래미파솔라 시 톤이다.
상냥한 솔 톤과의 차이는 담장을 넘나든다.
영역 밖에서 솟구치는 파열음은 웃음 그것이다.

시린 물에 겨울을 담던 새들은 깃 쳐올려 떠날 궁리다.
열쭝이들의 푸둥지는 아직 조용하다.
계절 따라 오가던 순서가 엉켜서 새들은 오늘 묵비권이다.
날지 않는 새들 대신 아이들이 까르르 봄을 부른다.

그들이 만들어 내는 풍경은 시 톤의 목소리가 발딱 일어나고 작은 몸들이 뒤엉켜 시를 쓴다.

이마에 송골 거리는 땀 냄새로 다가와 햇살 같은 미소 한 움큼 뿌리고 달아난다.
공기를 잡아 왔다며 빵빵한 흰 봉지를 내민다.

아이들의 거침없는 시 톤의 소리 세상의 메아리가 된다.

여파

간밤에 아이가 코피로 베개를 적셨다.
무심한 한마디에 고요한 아침이 뒤집어진다.

단호함에 먼지가 휘둘러지고 유리 마음이 깨진다.
베개에서 흘러나온 배설이 십리도 넘게 둘을 갈라놓는다.
뿌연 안개인지 상처 난 마음인지 사방이 어둡다.

휘둘러서 좋은 게 뭐가 있을까.
휘둘림에 뛰어오르는 말 따위 짐승의 비명이 거칠어진다.
떨치고 일어서는 치맛자락은 단아함을 깨버린다.

인간이 휘두르는 오만은 익숙함에서 오는 무례인가.
돌아눕는 등 사이로 언 강이 흐른다.
오래지 않아 녹아내릴 것이다.
큐피드의 화살을 가진 천사가 둘이나 주변을 배회하므로.

옹이

꽃을 심듯 다독다독 묻어주고 내려오던 길
잿빛 낙엽들이 밟힐 때마다 울었다.

수년 만에 다시 그 길을 걷는다.
그날처럼 마른 낙엽이 앓는 소리를 지른다.

양지쪽에 옹이처럼 솟아있는 그녀의 집.
울컥 토해놓은 말간 볕 아래 고즈넉이 돌아앉은 심사.
그 바지런함은 안달 나서 어찌 저리도 홀로인가.

채우지 못한 빈자리로 남은 이들 밟히는 낙엽 소리
그녀의 흐느낌인가 돌아보고, 돌아보고.
아롱거리는 시울에 어제처럼 떠오르는 모습.
시간의 거리조차 가벼운 그때 그대로 꽃이다.

아무리 밀어내도 보내지지 않고
우물처럼 퍼렇게 남아 가끔씩 아픔으로 긷는다.

문안

겨울산사 고요하여 참새들 발 딛는 소리 들리겠다.
바람이 절 마당 쓰는 소리 들리겠다.
발자국소리에 놀라 까치발로 부처님께 문안 여쭙는다.
그윽하게 내려다보시는 미소가 오늘따라 예사롭지 않다.
고독에 도가 텄을 부처님도 오랜만의 인적이 반가우시다.
자비로운 미소 온몸에 묻히고 내려오는 발걸음이 가볍다.
작은 어깨에 얹힌 짐 모두 거두어 가신 때문일 게다.

그녀의 이야기

작은 가방 속 젊은 날의 잔해들이 오래 쉬고 있다.
꾸깃한 냄새와 묵은 일기장 편지들이 긴 숨을 뱉는다.

봄맞이 정리를 하다가 그날들 속으로 달음질쳐 간다.
빼곡한 어제들은 단호한 시선이고 어쩔 수 없는 길이었다.

그녀와 그녀 사이에 긴 시간이 흘러 이제야 여유로워진다.
용서할 수 없었던 흔적은 퇴색되어 의미조차도 사라졌다.

나중 나중이 오늘에 도착해서 어제 같은 옛말을 줄 세운다.
느긋하게 바라볼 수 있는 지금에서야 그녀를 위로한다.
그 시절의 날씨와 햇빛과 호의가 함께 건너온다.

기대지 않으려고 안간힘을 쓰느라 숨 고르는 날들이었다.
젊음이 아팠던 그녀의 이야기가 먼지를 털어내고 있다.

타인의 시선

어느 곁에 날아와 앉을 자리가 저기였을까.
발길에 채이지 않을 만큼만 비켜서있다.
나름 꽃이라고 해를 닮은 샛노란 빛이 청초하다.

안간힘이었을까.
가로 등이 조는 사이 민들레꽃 거리를 환하게 비추고 있다.

전단지 나누던 여인이 쭈그리고 앉아 검지와 장지 사이에 꽃 모가지를 끼우고 있다.

아찔하다싶었는데,
무료한 시간을 꽃잎에 찬찬히 채워 넣고 있다.
날 선 곳만 바라본 마음에 홍조가 돈다.

꽃님인지 해님인지 노크 없이 찰칵, 꽃들을 복사한다.
가둘 수 없는 순간을 가둬놓고 그 뒤로도 오래 보았다.

사라지는 것들

온갖 얘기 발설하지 않는 단짝 친구인 집 전화기는
선물처럼 주어진 하루들을 다 품고 있었다.

익숙했던 것과 익숙해진 것에 대해 생각한다.

가져갈 짐을 추리는 일은 오래된 것들을 사라지게 한다.

희소성만이 마당 한 편에 묶인 빨랫줄처럼 단단해질까.

기별 없이 떠나는 계절처럼 익숙해진 것들이 사라지고
무거운 발걸음이긴 하지만 시간은 용서 없이 흘러간다.
필요가 사라지는 것들을 데리고 함께 간다.

차가운 안개가 보랏빛 산꼭대기를 달리는 동안이다.

소통

두꺼운 벽이 무너지고 있다.
오래 거슬러 온 시간과 공간의 극적인 조우다.
구십 년도 더 전에 온 세대와 눈자라기*의 만남이다.
웃음기를 먼 곳으로 보내 놓고 묵묵한 기다림이었다.

시그널 음악처럼 미소가 떠오르고 마음을 길게 뻗는다.
따사로움과 촉촉함 유연함 간지러움 보름달처럼 둥그런,
아기의 완전함에 멀리 기억 속에서 발그레 물이 들어온다.

말문이 트이고 세대를 건너 이루어지는 옹알이다.
움푹 파인 볼에 웃음이 출렁인다.
침묵의 자리가 햇살처럼 설레는 파동으로 환하게 번져간다.

*눈자라기: 아직 허리를 꼿꼿이 펴지 못하는 어린아이.

노모

젖은 나뭇잎들 고요히 대지에 눕는다.
그림자 깊게 벤 골목은 늙은 손목처럼 가늘고 메마르다.
절뚝이는 비둘기의 깃털이 회오리바람에 날아오른다.

쉴 새 없이 드나드는 바람에 서슬이 무너지고 있다.
기울고 있는 하루하루를 간신히 붙들고 견디는 고행이다.
푸석해진 몸으로 어스름한 주방에서 생과 다투고 있다.

아직 지지 못한 석양이 하늘 끝에 걸려 있다.
누가 삭막한 풍경을 여기에 그려 놓았을까.
액자 속 그림처럼 밖에서 물끄러미 바라보고 있다.
흐린 눈을 닦고 다시 봐도 뒤엉키는 어제와 오늘이다.

겨울 숲 반딧불이

어둑한 새벽 산길 까만 숲 사이로 반짝이는 불빛들,
반딧불이다.
아니 출렁이는 바람들 겹겹이 접어 젊어진 유성이다.
햇살처럼 공평하게 주어지는 날을 마중하는 긴 호흡이다.
수고를 덤으로 내밀면 깊은 마음 한 겹 더 얹어 주실까.
하늘 가까이 눈도장 찍고 내려주시는 새날들 챙겨 온다.
깨끗이 씻고 온 해처럼 새해는 맑음이라고 써놓는다.

달맞이꽃 시간

가장자리가 이지러진 달이 밤하늘 귀퉁이에 누워있다.
밤을 밝히는 등불처럼 달맞이꽃 새초롬히 달을 맞는다.
달빛을 지녀야 하는 숙명을 받아 오랜 밤을 견뎌야 했다.
새벽은 고요하고 오직 선택한 달빛만이 공백을 채운다.
설익은 꽃가지는 밖으로 내다 걸고 골똘히 바라본다.
하나의 동작에도 완전히 몰입하는 마음을 숨겨 넣는다.

나지막한 다독거림이 들려온다.
달맞이꽃 한 송이 피어난다.

| 제3부 |

유년의 기억

찬바람 속 평화롭게 흔들거리는 숨소리와 따스한 등,
어둠 속 자갈 밟히는 소리와 두런거리는 이야기 소리,

엄마와 오빠와 언니 그리고 아버지 등에 업힌 아이,
그대로 등에 얼굴을 깊이 묻고 아무것도 모르고 싶었다.

젊은 아버지의 넓은 등에서 그 아이의 자아는 눈이 떠지고,
그 밤 아이의 유년은 이소하는 새처럼 알 수 없는 아픔을 느껴야 했다.

멀리 반짝이던 별 하나 글썽이는 빛으로 흐려지고 있었다.

낙엽 따라 걷는 길

잎사귀들 길 위에 수북하다.
나비처럼 나부끼며 가지에서는 푸른 존재감이 남다르다.
길 위의 또 다른 생을 그때는 몰랐지.
푸석해진 바람이 다가와 조곤조곤 이야기해준다.

익숙함도 버리고 집착도 버리고 가벼운 몸 바람에 맡긴다.
여기 기웃 저기 기웃 바스락바스락 재미난 세상이다.
가을 소리 밟으며 지나가는 사람들은 모두가 시몬이다.

봄 탓

안 나가면 서러울 것 같은 날이다.
자전거 바퀴 콧바람이 너무 셌던 탓일까.
가냘픈 어깨가 땅바닥에 꽂힌 건 순식간의 일이다.

광대뼈 갈라진 틈으로 신음 같은 핏물이 뚝뚝 듣는다.
내내 지켜본 해님은 배꼽을 잡으며 구름 사이로 숨는다.
광대뼈가 부는 풍선이 점점 커진다.

길 가는 사람들이 눈으로만 묻고 지나간다.
나풀거리던 보드라운 풀잎이 그의 손에 쥐어뜯긴다.
비명 같은 풀 향기가 땅에 질펀하다.

살랑대는 바람에 눈을 흘기며 별 좋은 봄을 탓한다.

거미에게 부탁 한다

땅거미가 내려오는 시간은 거미가 집 짓는 시간과 겹친다.
뱃속에 쟁여놓은 궁리를 창틀 구석쯤에 미리 밸어 놓는다.
착한 밤을 낮 삼아 허공에서 뜀박질이다.

무수한 실타래를 밤새 자아내,
아침이면 떡하니 집 한 채가 들어선다.
집들이 온 손님에게 빨대를 들이 민 솜씨가 기발하다.
바람 집에 이슬을 받아들인 착상이 촘촘하다.

그들의 이야기를 글로 자아 밤새 시의 집을 짓는다.
무명 천 같은 시엔 무슨 색을 입혀 모양을 내볼까.
하룻밤 사이에 뚝딱 해치우는 거미를 불러 부탁해 본다.

수난

길 위에서 날개 잃은 새처럼 신문지 구겨져 푸드덕 거린다.

가득 담은 소식들 전하고 싶어 서둘지만, 날개가 없다.

사방에서 불어오는 바람에 갇혀서 허둥지둥하고 있다.

묶은 소식 한꺼번에 길 위에 쏟아져 산산이 흩어진다.

앞서가는 사람들 나쁜 소식 묻을까 까치발로 피해간다.

찬바람 부는 저녁 가로등이 흐릿한 눈으로 띄엄띄엄 읽고 있다.

늦어버린 시간

텅 빈 풍경이 불어온다.
깊어진 계절 얼마나 많은 초록을 버려야 했을까.
주변엔 마른 은행잎이 바람을 피해 위태하게 모여 있다.
키 작은 잔디는 숨죽은 듯 동안거에 든 모양이다.

거센 순환을 거슬러 개망초꽃 함초롬히 혼자 서 있다.
행주치마 고운 새색시다.
화려한 꽃들의 아우성에 민초처럼 엎드려 있던 망초 꽃.
어디로부터 얻은 용기일까.

시류 따라 흐르거나 첫차를 타거나 무모한 반전은 위험해.
지난밤 험해진 날씨에 놀라 눈물을 머금고 있는 건 아닌지
밤새 낡은 잠 길을 들락거린 너 거기 괜찮은 거지.

오늘

오늘 그대에게 지천으로 피는 사월을 선물합니다.

어떤 내가 마음에 드셨는지 모르지만 잘 다듬어진 미소였으면 좋겠습니다.

그대가 알고 있는 수많은 이들 중에서 오늘은 나였으매 감사합니다.

바람이 불고 해가 쨍, 합니다.
나도 그대를 생각하며 조각난 하늘에 환한 얼굴 그려봅니다.
세상이 흔들릴 때 다정한 응시로 손을 내어주셨지요.
고요히 마음 가라앉을 때 따뜻한 미소로 흔들어 주셨지요.

혹시 오늘 그대 춥나요.
무더기로 쏟아지는 봄볕을 드릴게요.
그대가 했던 말들이 편지처럼 가슴속에 있어요.
가끔이지만 먼지 쌓이지 않게 꺼내어 보곤 해요
오늘 내 마음에 온 그대 수선화처럼 곱습니다.

혼자의 계절

쉼표 찾아 나뭇잎들이 날아가네요.

뜨거웠던 여름날은 서로의 그늘에 쉬기도 하면서 거친 바람과 비의 차가운 냉소를 수없이 손꼽으며 참아냈지요.

흩어지는 시간 이제 혼자서 가야 할 때.

수많은 약속은 바람에 채이고 등이 서늘해지면 떠남을 예감할 뿐,

겨울로 가는 길목 옷 벗는 나무들만 분주합니다.

명분 있는 이유

숙명 같은 허기를 달래려고 마음을 꾸립니다.
깊은 뜻을 갖고 태어난 이름값을 챙기지 못했습니다.

이름 때문에 지는 거라는 변명에 그냥 살라 하네요.
그러면서 웃으면 황소바람이 좁은 가슴을 지나갑니다.

진달래 수선화 목련화 옆에 섞여도 얼버무려지지 않아요.
우아한 이름 하나 꿰차고 오래된 허기를 채우고 싶습니다.

이름 구하느라 숙제처럼 낯선 이름을 쓰고 지웁니다.

그믐으로 가는 달

신 새벽 어둠을 더듬거리며 바라 본 앞산.
하늘 시울 틈에서 불빛이 반짝인다.

누군지 참 부지런도 하다.
속도 제한이 필요한 시간 아닌가.
새벽은 새벽이어야 해.
게으름이 하는 볼 맨 소리다.

빛이라 여기는 찰나.
뾰족한 그믐달이 산 능선에 오른다.
하루를 달릴 출발선에 새침한 몸짓으로 신호를 기다린다.
누구에게 잘 보이려고 하루 만에 헛살 쫙 뺐을까.
잘록한 허리가 한 줌도 안 되겠네.

동백꽃 같은 이름

이름 위에서 길을 잃었다.

차마 지울 수는 없다.

수많은 목록 사이로 모래바람이 지나간다.

늘 거기에 있었다.

뒤틀린 시간의 틈바구니에서 뿌리내린 부스러기들이 그녀의 흔적을 더듬는다.

흩뿌려진 그녀의 세상이 희미해지는 내내 어제 만큼 짧아지는 순리를 어찌할까.

참아왔던 비명이라도 고래고래 질러봤으면 시간이 좀 더 버텨줄 수 있었을까.

누군가의 삶을 옮겨 놓은 오후 동백꽃 같은 이름

괄호 안에 잘 숨겨두었다.

가을의 인사

늦은 가을,

키 작은 회양목과 이웃한 화살나무 양쪽 길에 도열한 병정들이다.

노을빛으로 타다가 지쳐 핏빛이 된 붉은 잎 눈도장을 찍고도 잎을 탐했다.

미처 손도 닿지 않았는데 화르르 건들거리는 가을이 급하게 또 다른 문을 열어준다.

가장 붉은 잎 하나 뜨려는 가을을 데리고 산으로 간다.

산이 그린 수채화도 늦기 전에 데려와야지.

돌아온 탕자

황야를 헤매다 지쳐 돌아온 그 문 활짝 열고 환대했다.
초롱 하던 눈빛은 위험 때문이었는지 노기가 역력하다.
밥상 옆에 달달한 위로를 마련하며 굳은 등을 어루만진다.

한통속 오랜 시간에 다짐은 무너지고 덜 닫힌 문 앞에서 삐걱거리는 오류다.
줄다리기에 지친 각성으로 모서리 다듬은 유순한 무언가를 만들어 낸다.

묵언의 고요함으로 닦달을 잠재우고 튕겨나간 생각 하나 간신히 붙잡아 제자리에 돌려놓는다.
서로의 존재를 빌어 또 다른 그림을 그려내고 있다.

석양을 등지고 돌아앉아 있는 그의 긴 그림자가 저녁을 건너가고 있다.
나이라는 세월에서 찾은 약인가 싶다.

밥이 가볍다

가을 들어 햅쌀로 밥을 하얗게 짓는다.
나물을 조물거려 상을 차리고 벗을 불러 저녁을 먹는다.
빠른 손놀림으로 뚝딱 비우면서 밥이 참 가볍단다.

높아가는 하늘 선선한 바람에 햇살을 보탠 맛이다.
솜씨야 제쳐두고 어찌 무거운 맛이었겠는가.

식어가는 저녁 공기 속에 나앉아 서로를 바라본다.
구멍 숭숭 난 싱거운 웃음을 짓는 것도 가벼워서 좋다.

부르면 한달음에 와 줄 벗이 있으니 남은 가을이 천천히 익어가도 좋겠다.

제자리로 가는 길

오래된 두꺼운 책은 단풍잎의 무덤인가.
기억에도 없는 손짓은 감옥이 되었는가.
깊은 페이지 속에 빛바랜 단풍잎 하나
오래 두고 보려고 귀한 모습 데려왔다.
잊힌 세월의 아픔을 가늠해본다.
무더운 여름날의 지루함마저 사치였을
깜깜한 시간을 버틴 안간힘이 먹먹하다.
푸른 물기는 시간이 거두어 자존만 빳빳해졌다.
젖은 골짜기 어디쯤 그의 자리는 비어있을까.
가만가만 들려오는 골짜기 개울물 꿈틀거린다.
붉어진 잎맥을 따라 흐르는 소리에 젖는다.

바람의 길

들리지 않는다고 울지 않는 것이 아니다.
가슴을 후벼 파는 부정의 언어들이 쏟아진다.
날카로운 비명에 몸서리를 쳐도 이성은 실종된다.
멈춤은 사라진다.

앳된 바람들이 손잡고 훌렁훌렁 넘나들던 삼산.
자그마한 도시 한 가운데 봉우리 세 개를 거느리고 아담하게 자리한 쉼터.

깃드는 산새들 사슴들 푸른 잎 키워 숨겨주었다.
바라만 보아도 휴일 아침처럼 느긋하고 푸르렀던 저기.

띠처럼 이어지던 샛길도 툭툭 분질러 던져 버렸다.
꼬부랑 할머니의 뙈기밭도 종잇장처럼 구겨졌다.
낯선 먼지는 덤이다.
초록 웃음소리 사라진 골에 바람은 옷자락 붙들고 길을 묻는다.

비의 단상

쉼 없이 떨어지는 빗물 소리가 오수를 부른다.
노인은 구부정하게 앉아 머리를 앞뒤로 흔들고 있다.

엄마 누워서 자요, 대낮에 뭔 잠이여,
시치미가 또르르 굴러온다.

모녀의 토닥거림이 하염없는 빗소리에 섞인다.
세찬 비는 창밖, 고슬고슬한 마른 시점이 호사롭다.
노인의 머리는 다시 흔들리고 있다.
마음은 내리는 빗물만큼 젖어 든다.

현을 뜯는 서툰 솜씨는 바람의 심술이다.
빗줄기들의 쑥덕임을 듣느라 하품이 늘어진다.

노인은 물 따라 별 따라 흘러간 지 오래다.
벽에 걸린 사진 속에서 애잔한 눈으로 품고 있다.
사방이 온종일 내린 비 냄새로 가득하다.

바람의 흔적

바람 향기 머금고 그녀의 곁을 찾아간다.
쥐면 부서질 것 같은 흰 손이 종이 인형처럼 가볍다.

밖에는 봄물이 사방에 흥건하건만, 뚝심 좋은 겨울은 여태 그녀를 감싸고 있다.

비운 듯 눈길은 무늬 없는 벽 모서리 끝에서 고요하다.
풀잎에 앉은 잠자리 놓친 아이처럼 망연한 체념이 아프다.
깊이를 알 수 없는 눈 속에 세상을 퍼 담아 준다.
희미한 미소 속에 봄은 그냥 지나간다.

치열했던 흔적 쓸어안고 날개도 없으면서 나는 연습이다.
빈손에 무엇을 쥐어줄까 상념만 골똘하다.
병원 밖 홍매가 붉은 초대장을 내민다.

나의 살던 고향

오랜만에 찾은 고향 많이도 변해버렸네.
산허리를 기던 늙은 신작로가 반듯한 젊은이가 되어 있네.

이마를 땅에 붙인 낮은 집들은 고개를 치켜들고,
내가 살던 집도 몇 번을 고쳐 설기만 하네.

옛사람은 오고 가는 이야기 속에 서성이고,
또래들은 어른 되어 고향 인심을 베풀고 있네.

뒷집 살던 오라버니 환대에 눈시울이 붉어지고,
잇속 환한 그의 아내가 내준 밥상은 예전 어머니 손맛이네.

융숭한 대접에 서울 한 번 오시라 하니
아프지 않으면 거기 갈 일이 없네.
허허허허.
너털웃음 사이로 불콰해진 얼굴이 꽃노을로 번져가네.

벽에 걸린 미소

늘 웃음을 앞세우던 여자 처음으로 웃지 않는다.
한 방 먹인 듯 눈치도 안 보고 도도하다.

날개를 갖지 못해 우울해하던 오랜 시간들이었다.
어느 봄날 기어이 우화하여 날개를 달았다.
수수꽃다리 그늘 속 심연으로 날아든다.
옥죈 가슴 펴 말릴 시간도 없이 쫓기듯 삼월을 난다.

잡초의 향기도 누군가에겐 절실할 수 있다.
잉여의 인간에게 그녀의 잔상이 삽입된다.

그리움은 체증처럼 가슴에 얹혀있고,
줄줄이 하고 싶은 말을 목구멍에 구겨 넣는다.
목울대가 경련을 일으킨다.
누군가 그녀의 환한 미소를 벽에 건다.

레테의 강을 찾아서

수많은 밤을 거슬러 레테의 강을 찾아간다.
차갑고 딱딱하고 황량한 대지가 불편해져 온다.
긁힌 상처만 바라보다 깜깜한 밤 앞에 서 있다.
다행인 건 홀로가 아닌 별들과 함께여서이다.

거절을 경험했음에도 많은 것을 지우거나 버리지 못했다.
앙금처럼 남아있는 감정들을 모른 척 꾹꾹 밟아 뭉갰다.
쓰라림의 굳은살을 한 겹 얻었다.

찾아가는 길 멀고 가슴을 다 태우고서야 닿을 수 있는 레테의 강.
이 순간 잊어버리고 싶은 한 페이지다.

내 편

물컹한 어둠 속에 몸을 담고 휘적휘적 발을 적신다.
물가에 늘어진 버드나무 유령처럼 너울거린다.
저기 앞 검게 서 있는 거인은 입간판이다.
뒤에서 밀어붙이는 우악스런 입김은 드센 바람이다.
서두르는 발목을 잡아채는 건 튀어나온 돌부리다.
눈빛은 어둠을 쏘며 의심하다 안심한다.

유유한 물결은 아직 숨죽이며 흐른다.
믿을 건 조금씩 달이 기우는 것.
조급해하지 않고 걷는 것.
그리고 머지않아 왼쪽이 따뜻해지는 것.

캄캄한 공포를 무릅쓰는 건 어둠 속 어디쯤에서,
걸음을 재촉하는 당신이 있다는 것.
믿음의 무게는 깊은 어둠을 걷어찬다.
신호처럼 새가 어둠 속에서 낮게 우짖는다.
당신이 저만큼 검은 실루엣 환한 미소로 보인다.

| 제4부 |

부슬비 내린 날

살짝 열린 가을문 사이로 비가 내린다.
젖은 창문을 닫는다.

오늘 같은 날 그녀가 그립다.
습관처럼 전화기를 들었지만, 그녀는 부재중이다.

오늘 같은 날 전화해주면 좋겠다.
문지방이 닳았을 말문이 오래 녹이 슬고 있다.
빗줄기 그러모아 건넛산 휘돌아 가는 모습만 바라본다.

함부로 열어버린 마음에 찬바람이 인다.
아낌없이 부어준 그 사랑들은 어디에다 치울까.
자박자박 내리는 빗소리에 고민이 깊어진다.

언젠가는 부재의 아픔에 익숙해질 것이다.
시간이 기억의 가장자리를 무디게 만들 것이다.
그녀의 젖은 눈이 빗속에 울음소리를 묻는다.

아기

세상에 나온 지 일 년 만에 아기는 길 위에 선다.
둥근 선으로 지은 잠자리 옷을 빌려 입고 사뿐하다.
해님이 쏜살같이 내려와 아기 얼굴을 찬찬히 뜯어본다.
볼우물이 방긋 출렁인다.

키만 한 제 그림자 손을 잡고 또박또박 점을 찍으며 간다.

돌부리가 장난을 치면 바람이 달려와 보듬어 안는다.
아기를 위해 풀잎들이 나란히 줄 세워 길을 내어준다.
아기 닮은 꽃들이 손짓하면 꽃 속에서 꽃으로 웃는다.

아기의 언저리가 꽃 색 보자기에 싸인다.
세상은 둥근 보자기 속이다.

독백

창가에 졸고 있는 얼굴 웃지 않는데 웃고 있다.
물방울이 또르르 흘러내릴 듯 매끄러움이다.
아침이 갖는 어릿한 빛이다.

소음은 가라앉고 내달리던 밤기차도 조용하다.
평화를 위해 존재하는 빛이 미소 위에 쏟아져 내린다.
완전한 정형에 눈을 거둘 수 없다.

검은 창에 엄마 닮은 자화상이 또렷하다.
부탁하지도 않았는데 참 친절하다.
밤기차에서 긴 시간 동안 합리화를 해야만 했다.
오늘도 긴 역사 하나 별의 품에 안겼겠다.

자라지 않는 옷

바람이 쓸어 놓은 길을 볼이 빨간 아이들이 내닫는다.
함께 자라지 않은 옷 밖으로 손목과 발목이 껑충하다.

부연 바람꽃이 몇 번 피고 나면 아이들은 허물을 벗듯 유년의 옷을 벗어 놓고 떠난다.
고샅길 낡은 담벼락엔 퍼런 이끼들만 왁자하다.

마루에 뽀얗게 앉은 먼지위에 봄 병아리 햇살이 흙 묻은 고양이 발자국을 헤아린다.
고요함은 처마의 그림자보다 더 깊다.

멀리 돌아서 온 아이 하나 나그네처럼 쓸쓸함을 후후 불어서 밀어놓는다.
별 묻은 마루 끝에 걸터앉아 빈손으로 제 몸을 껴안는다.

산은 틈을 노리다 조금씩 마당에 숲을 낳는 중이다.

가을자락

동창생 서너 명이 까르륵까르륵 산자락이 무너진다.
나이는 산속에 묻고 낙엽 구르는 모습에도 숨이 넘어간다.

온화한 미소로 불경 외시던 부처님이 깜짝 놀라 일어나신다.
스님 손바닥에서 희롱하던 곤줄박이 나무위로 날아간다.
처마에서 달랑거리던 풍경도 생경하게 바라보고 있다.

조용한 절간이 소란스럽다가 멀어져간 웃음소리 따라간다.
허리춤 추스르고 산그늘이 주춤주춤 내려온다.
기우는 계절 가을 해는 짧기만 하다.

그냥이라는 말

그녀에게서 전화가 왔다. 그냥 했단다.
눈이 크고 미소가 예쁜 삼십년 지기 친구다.

섬세하고 사려 깊어 화분에 심은 푸성귀도 나누는 심성.
첫 단추를 잘 못 끼운 탓에 눈시울이 마를 새가 없다.
오늘도 두어 시간 넋두리를 풀어내려고 그냥이라는 말로 한나절을 앗는다.

내내 들어서 알고 있는 얘기들을 처음 하는 듯,
열을 내는 그 속에 불만 붙이면 활활 타오를 '불타는 얼음'* 이 얼마나 많이 묻혀 있을까.
가슴에 멍이 들어 넘치는 아픔이 눈물처럼 출렁인다.

알 수 없는 세상 해 줄 게 없어 그냥이라는 말로 토닥이며, 그녀의 푸념 속 터널을 빠져나온다.

*허형만 시인의 시집 『불타는 얼음』에서 인용.

반추

빈 마당 고스란히 차곡차곡 빼곡하게 담아내던 시간 들, 날들, 달들.

의미 없는 가나다라마바사들 일이 삼사 오들.

희망이었다가 토닥거림이 되고 씁쓸했다 기다림이 된다.

매일 매일 발견하며 애틋해진 하루들,

고스란히 차곡차곡 빼곡했던 시간은 지난 발자국들.

활짝 열린 창문으로 엉거주춤 다녀가는 또 다른 하루.

발아하는 봄

쨍, 하는 파열음이 들릴 것 같은 햇살 부서지는 날,
무당벌레 한 마리 주방 창틀을 아침내 오르내린다.
그윽이 바라보니 부끄럼을 타는지 문틈으로 살짝 숨는다.

어떻게 왔니, 너의 자리로 돌아가 아담한 둥지도 틀고,
가난한 이삿짐은 신경 쓰지 않아도 돼.
좀 투박하긴 해도 날개가 있잖아.
날아봐, 거기가 전부는 아니야.
냉장고 속 비닐봉지 알밤에도 하얀 봄이 싹트고 있어.

열어준 햇살 속으로 까만 티처럼 사라졌다.

맵다

어디에서 오류가 생겼을까.
한 순간을 놓쳤더니 매운바람이 분다.
어설픔은 통하지 않고,
단호한 계절의 꽃은 시들어 버렸다.
작은 것을 감추려다 큰 것을 들킨 후회로 밤이 하얗다.
기회는 더디고 일러 주는 이 없는 막다른 길이 춥다.
가차 없는 내침은 늦가을 무서리보다 맵다.
바람 부는 언덕에서 버글거리는 마음이 흔들리고 있다.

눈에 담긴 이야기

빤히 보는 눈에 미소만 살짝 얹으면 말들이 날개를 단다.
눈 속 이야기 궁금하여 귀를 기울이면 아픈 소리가 난다.

변덕스러운 계절에 화를 품은 이야기 눈으로 흘러넘친다.
눈만 가만히 보았는데 얘기들이 시간을 앞질러 건너간다.

산에서 만난 사슴들 빤히 보는 눈은 견제의 블랙홀이다.
길가에 피어난 꽃눈들도 단호한 시선에 힘을 주고 있다.

곁을 슬쩍 비켜 가는 길고양이 눈은 경계와 방관이다.
달님 내려다보시는 눈 속 이야기 다 알고서 끄덕이신다.

본다는 건 누군가에게 관심과 사랑을 두겠다는 의미다.

안경 뒤에 숨다
–코로나19시대

오랜만에 거울 앞에 앉는다.
찬찬히 들여다본 얼굴이 낯설다.

마스크 속 하루들의 간극은 낯선 모습을 마주하게 한다.
분명하게 지금이 늘 거기에 있는 전부였다.

망각된 기억이 혼자서 시간을 가로질러 사이를 지나간다.
앳되게 피어난 꽃이 시듦의 틈에서 위태로움을 느낀다.
핑계처럼 안경 뒤에 억지를 구겨 넣기 시작했다.

생면부지 역병이 돌아 대놓고 얼굴을 가려야 한단다.
완전한 익명 안에 숨어 푸념 섞어가며 안도한다.
마스크 속에서 씁쓸하게 웃는다.

봄의 정령

냉이 꽃무리 바람 손짓에 맞춰 하얗게 춤을 춘다.
수수꽃다리 성긴 옷 걸치고 꽃 먼저 내다 건다.
속내를 풀어놓듯 매운 향기로 발길을 유혹한다.

교복 차림의 아이들이 저만큼 삼삼오오 걸어간다.

숨 가쁘게 밀려오는 봄 물결에 마음이 흔들린다.
유혹에 한눈파는 사이 낯선 눈빛과 마주친다.
여인은 한없이 추락하고 있다, 그 눈 속에서.

봄의 정령은 햇빛에 갇힌 정신을 빼앗는다.

첫 구두

또각또각 구두 신은 발이 서툴다.
꽃보다 붉은 청춘은 아픔을 배우고 견디는 시간이었다.
넘어지고 깨어져도 설레던 날들은 계절처럼 지나갔다.

숙녀가 되었다고 오라버니가 내민 첫 구두,
그 속에 나의 스무 살은 오랜 꿈을 버리지 않고 있었다.

마음의 굳은살이 나이만큼의 두께로 단단해진 지금도
발밑에 서성이는 그림자 더 멀리 가보자고 탐색 중이다.

누가 등 떠밀어 이 자리에 있는지 알 수는 없다.
지나온 길 돌아봐도 한 번도 고집하지 않았었다.
아직 타인처럼 신겨진 구둣발로 새로운 길 닦고 있다.

내 친구

그녀를 위한 시간 긴 겨울밤이 마음껏 축축해진다.
움푹 파인 웅덩이에 잡다한 물음표들이 가득 고여 온다.
마지막 페이지가 찢겨버려 찝찝하게 끝나버린 책처럼,
지금은 나의 이야기만 헛짚는다.
흔적은 남았는데 움켜쥘 수 없다.
서리 내리는 아침 떨고 있는 꽃처럼,
두려운 눈은 어디를 막아서고 있을까.
목청 돋우어 불러 세우지 못할 곳으로 나뭇잎 따라간다.
붉고 처연하게 해가 져가는 풍경 속으로 숨어버렸다.

대나무 숲에 들다

어쩌다 마주친 그,
초록들 사이에서 충분한 존재감을 보여주고 있다.
작정이라도 한 듯 마음을 가득히 모으고 기다리고 있다.

들어앉은 눈빛 따뜻하여 꽉 잡은 마음 허물어 버린다.
배설하지 못한 수다가 어제와 오늘을 수없이 뱉어 놓는다.

깊은 얘기는 아무나에게 할 수 없어 사이를 가려야 한다.
실성한 바람 귀가 팔랑팔랑 펴 나를지 모르니까.

비워둔 자리에 우정이 도착하여 나누어진 속말이 쌓인다.
아무도 누설하지 않을 나의 대나무 숲이 그대여서 좋아.
언제든 고하러 찾아가겠네.

서글픈 봄

시냇가 작은 오솔길 버드나무에 살 오르는 소리 파랗다.
살랑대는 봄바람에 배시시 웃다가 입을 틀어막는다.
피워버린 꽃망울 어쩌지도 못하고 얼굴을 붉힌다.

새로 몸 트는 봄, 길이 텅 비었다.
뜨거운 돌덩어리들의 반란이란다.

쓸쓸하게 돌아앉은 등에 슬픔이 찰방거린다.
골목 끝에 머뭇거리는 당신을 손짓으로 배웅한다.
아름다운 빛의 시간을 기억해 두어야겠다.

초록빛의 위로는 다행이라 여긴다.
인적이 두려워 가장자리만 맴돌다 화들짝 쫓겨난다.

봄 마중

불땀머리로 칼란디바 꽃대가 해 마중을 간다.
열린 창문으로 햇발이 다녀간 뒤 이른 봄이 앉아있다.

노인이 햇살 흩뿌려진 언덕배기에 앉아 햇볕을 조율한다.

나뭇가지에 걸어 놓은 옷은 바람개비다.
머리 팔다리에 얹힌 봄을 토닥이는 바람의 손이 가볍다.
봄 부르는 이야기에 솔깃해진다.

창을 통해 섬세한 손짓을 엿보는 시간은 정지돼 있고,
봄은 한 뼘 더 성장한다.
평범한 하루 색다른 무늬 한 땀을 오래 새겨 놓는다.

오후와 3시 사이

장대 끝에 팽팽한 빨랫줄 지나던 바람에 툭 차인다.
오수를 즐기던 햇살이 물방울처럼 튀어 오른다.
바싹 마른빨래 희희낙락 그네 타다가 뒹굴 거린다.
꽃잎처럼 한둘 땅에 내려 흙먼지와 씨름한다.

혼자의 시간을 통제하며 마음껏 낭비하며 반성한다.

내가 만든 담장 아래서 시인 백석을 찾아들고 조른다.
행주로 말갛게 닦아낸 하늘에 얼굴을 가져다 댄다.
하늘 무늬가 볼에 얼룩처럼 파랗게 찍힌다.

자목련

그늘에 홀로 선 목련나무에 작은 새들 콕콕 잠을 깨운다.

계절이 바뀌었는데 깊은 그늘로만 기울어지는 마음인가.
새들의 재촉에 덜 깬 잠을 쫓느라 부산스럽다.
지켜보다 조금 늦어도 괜찮다고 토닥인다.

새들 포르르 날아가면서 할퀸 생채기에 자목련 꽃 송골송골 핏방울처럼 맺힌다.
열심히 가꾼 보라색 하늘거리며 가지마다 번져간다.

그늘은 누군가의 뒤에 서는 것,
바라기만 하다가 조금씩 쳐진다.
늦게 핀 꽃은 위로가 된다.

들풀

풀잎 잘려 나가는 소리가 열린 창문으로 뛰어든다.
몸서리치는 절규는 생각을 왈칵 뒤집는다.
아침나절이 온통 풀죽은 냄새로 가득 찬다.

몇 그루 분꽃의 넉넉한 웃음도 불똥이 튀어 멈춘다.
환하던 길가에 선택받지 못한 말들이 덮여 있다.

명절맞이 발걸음 대접에 애먼 풀들의 수난기가 돼버렸다.

꾹꾹 담은 미안하다는 말이 쿵쾅거리다가 녹아내린다.
전해지지 않을 안부를 건네고 묻는 답을 회피하고 있다.

흙에 심은 꿈 잘려 나간 여정을 햇살이 포근하게 감싸준다.

|해설|

불모不毛를 극복하는 불망不忘의 시학

—은정의 시세계

백인덕 | 시인

1.

시를 기록으로 이해할 수 있다면, 언제나 시는 역사보다 오히려 '인간적 가치'라는 측면에서 더 풍부하고 진솔한 의미를 함축한다. '역사는 언제나 승자의(즉, 승리한 쪽의 입장에서 서술된) 기록'일 뿐이라는 일반의 오류는 논외로 해도, 역사란 결국 사건의 연속으로 드러난다는 문제가 있다. 주지의 사실이지만 사건은 시간의 계기성契機性을 바탕으로 하여 형성되고 그 관계는 선후先後의 인과因果를 통해 파악할 수밖에 없다. 나아가 '사건'은 그 자체로 '의미meaning'가 있는 것이 아니라 일정한 해석(틀) 안에서 각자의 위치와 입장에 따라 그들만의 '의의significance'로 분산한다. 또한, 역사는 아무리 미시사微示史를 강조한다고 해도 결국 각 분야 소수의 기록이라는 한계를 갖는다.

반면에 시는 두 가지 측면에서 기록으로서의 가치를 고양高揚한다. 하나는 시는 시간의 계기성에 공간의 병치성倂置性을 더해 대상을 감성적으로 직관함으로써 구체적인 양태樣態를 포착한다는 것이다. 이는 시가 산문이 아니라 운문의 언어예술이라는 데서 더 강화된다. 그만큼 우리는 시를 통해 삶을 구체적으로 생생하게 추체험하고 깊이 공감할 수 있게 된다. 다른 하나는 역사는 오직 과거의 것, 즉 지나간 일들의 기록 그 이상이 될 수 없지만(역사적 가정은 역사가 아니라 '가정'에 방점이 찍힐 뿐이다.) 시는 과거를 가정하지 않고 상상력을 통해 창조적으로 왜곡 변형함으로써 예견된 미래를 현재화하는 강력한 힘을 드러낸다.

찬바람 속 평화롭게 흔들거리는 숨소리와 따스한 등,
어둠 속 자갈 밟히는 소리와 두런거리는 이야기 소리,

엄마와 오빠와 언니 그리고 아버지 등에 업힌 아이,
그대로 등에 얼굴을 깊이 묻고 아무것도 모르고 싶었다.

젊은 아버지의 넓은 등에서 아무도 모르게 그 아이의 자아는

눈이 떠지고,

그 밤 아이의 유년은 이소하는 새처럼 알 수 없는 아픔을 느껴야 했다.
멀리 반짝이던 별 하나 글썽이는 빛으로 흐려지고 있었다.

—「유년의 기억」 전문

제목이 명시적으로 보여주는 것처럼 이 작품의 과거의 한 순간을 미시적으로 구분함으로써 형성된다. '유년의 기억', 실제 작품에서 보이는 유일한 서술 어미가 3연의 '~했다' 뿐이기 때문에 이 작품이 과거를 지시한다는 것은 명백하다. 다만, 그 과거를 '회상'하고 '재현'하는 데 머무르고 있는가. 아니다. "그대로 등에 얼굴을 깊이 묻고 아무것도 모르고 싶었다"라는 화자의 바람과는 다르게 "나의 유년은 이소하는 새처럼 무너지는 아픔"을 느끼고 있었음을 오늘 확인할 수 있기 때문이다. '이소移所'는 단순히 장소를 바꾼다는 의미에서 멈추지 않는다. 그것은 존재의 근거를 새롭게 확립한다는 것이고, 시간과 공간이 새로운 차원으로 전개된다는 것을 함축하는 의미다. 따라서 시인에게 '유년의 기억'은 늘 출발점이자 완벽하게 되돌아올 수는 없지만, 어디에서든 다시 출발할 수 있게 하는 시작점과 같다

은정 시인의 첫 시집, 『동천의 낯선 섬』에서 보여주는 시 세계가 '기록으로서의 가치'에 대한 재인식을 촉구한다고 보

여 서두가 길어졌다. 시인은 대상으로 '어머니(아버지), 고향(낯선 섬)'과 같은 근원적 정서를 보여주지만, 단순히 '회한이나 회고'에 감정적으로 지나치게 몰입하여 그저 대상을 불러내기만 하고 만족하는 환원주의에 빠지지 않는다. 어쩌면 그것은 오랜 기간 시를 갈고 다듬어 온 시인의 노력의 결실일 수도 있고, 현 단계 인생의 지혜를 그대로 시작詩作에 투사投射할 수 있는 개성적 방법론일 수도 있다.

서른여덟에 혼자되어 일곱 남매 품어 안고 움켜쥔 세월을 아흔일곱에 드디어 놓으셨네.
그 나이 짚어보니 어머니의 붉디붉은 오월이었네.

견고했던 언덕이 깊이를 알 수 없는 늪으로 변하였으니 막막한 발걸음을 어찌 내딛었을까.

빈집을 정리하는데 어머니 가슴팍 같은 깊은 장롱 속에서 주인 잃은 은장도 하나 숨죽여 울고 있네.

몇 번이나 날을 세우고 으름장을 놓으며 깃을 여몄을까.
한 번이라도 가슴 열어 배꽃 같은 청춘을 꺼내나 보았을까.
그날의 날 선 시간이 손바닥에서 시든 꽃으로 주저앉네.

—「어머니의 은장도」 전문

인용 작품은 이번 시집에서 보여주는 시 세계를 대표한다고

할 수 있다. 제목에 배치된 '은장도'라는 강력한 상징물의 명칭을 통해 우리는 문화적으로 연대기적으로 강한 공감의 토대를 마련할 수 있다. 주지의 사실이지만, '은장도'는 축어적으로는 "은으로 만든 작은 칼"이라는 뜻이다. 하지만 문화적 맥락에서는 다양한 함축적 계열에 닿아 있다. 일반 아녀자가 지녔을 때와 청상과부가 되어 소지했을 때의 의미 편차가 있고, 외부의 위협에 대해서와 내적 욕망의 극기라는 측면에서도 마찬가지다. 인용 작품의 경우, 1연 1행에 "서른여덟에 혼자되어"라는 구절을 통해 '어머니의 은장도'가 후자, 즉 청상과부와 욕망의 극복이라는 의미에서 이해되어야 함을 명확하게 드러낸다.

시인은 '서른여덟'에서 '아흔일곱'까지 "일곱 남매 품어 안고 움켜쥔 세월"을 추산해본다. 일상에서라면 그저 육십 어림하는 시간의 크기에 놀라고 말겠지만, 시는, 아니 시인은 아버지를 여읜 사건에 (인식이라는 측면에서) 직접 참여할 수 없었으므로 오히려 "그 나이를 짚어"본다. 그리고 그때가 "어머니의 붉디붉은 오월"이었음이 사건의 애절함을 더 강화한 것을 느낀다. 따라서 2연, "견고했던 언덕이 깊이를 알 수 없는 늪으로 변하였으니 막막한 발걸음을 어찌 내딛었을까."라는 반문은 어머니를 이해하고 깊이 공감하게 된 시인의 인식 변화를 드러내는 것이고, "빈집을 정리하는데 어머니 가슴팍 같은 깊은 장롱 속에서 주인 잃은 은장도 하나 숨죽여 울고 있네."라는 3연은 시인의 인식 변화가 '어머니'에서 '은장도' 같은 사물로 공감을 확대하고 있다는 표지로 드러난다. 다시 말해, '어머니의 붉디붉은 오월'이 그저 지나간 시간이 아니라 시인에게로 계속 연결되어 의미를 형성하고 있음을 보여준다.

찔레꽃잎 입에 물면 산기슭 울어대던,
어머니 울음소리 생각이 난다.
어린 딸을 묻고 꺼이꺼이 흐느끼던 그 길,
무명치마 닮은 찔레꽃 필 때면,
엄마는 내 손을 잡고 꽃잎을 따러 간다.
가시 사이 살랑거리는 꽃잎을 따며,
옛날얘기처럼 언니를 떠올리신다.
찔레꽃 핀 후미진 길가,
조그마한 무덤을 찾아 눈물바람 하시던 어머니.
너무 일찍 별이 된 언니는,
엄마 가슴에 핀 찔레꽃 가시였다.

—「찔레꽃 가시」 전문

시인은 "손바닥에서 시든 꽃으로 주저앉"은 어머니의 시간을 자신의 기억 속의 시간에 이어 붙인다. "어머니의 붉디붉은 오월"이 앞 인용 작품 3행의 "무명치마 닮은 찔레꽃 필 때면"이라는 시인의 유년을 강렬하게 환기喚起하는 것이다.

'어머니의 울음소리', '꺼이꺼이 흐느끼던', '눈물바람'은 "어린 딸을 묻고", "길가의 조그마한 무덤", "너무 일찍 별이 된 언니"에게로 향한 것이지만, 시인은 "엄마 손 잡고 꽃잎을 따러"가던 기억을 통해 "엄마 가슴에 진하게 핀 찔레꽃 가시"를 깊이 이해하면서 공감하고 있음을 충실하게 드러낸다.

모성의 중요성 아무리 강조해도 지나치지 않다. 그렇지 않은가, 모국母國을 바꾸고 그 말을 버리고, 심지어 태어난 고향을 외면할 수는 있어도 누구도 자기 태생의 근원으로 되돌아가 시초始初를 바꿀 수는 없다. 이 불가항력이 시인들의 근원적 정서를 형성해서 회피와 매혹, 불안과 평화와 같은 대립적 양가감정으로 표출된다. 은정 시인은 「어머니의 바람」이라는 작품에서 "세월 흘러 어머니의 시간은 소멸되었지만,/그 바람의 향기 지금도 내게로 불고 있다.//혹여 먼 곳에서 딸 오는 기별 기다리지는 않으실까,/어머니의 얼굴에 올해도 하얀 박꽃이 핀다."라고 이러한 사정을 보여준다. 기억의 내용으로는 아픈 과거가 훨씬 더 강렬하게 포착되고 형상화할 수 있었지만, 이를 토대로 어머니의 시간이 '소멸'한 이후에도 딸의 소식을 기다리는 마음으로, 또 딸은 그 마음을 닮은 '박꽃'을 통해 어머니의 바람希願을 현재화하고 있다. 이처럼 '기록으로서의 시의 가치'를 충실하게 구현하고 있다.

2.

은정 시인은 이번 첫 시집을 통해 생의 근원 정서를 대상화하여 자신만의 방식으로 재해석하는 방법을 통해 시적 개성을 구축構築하려는 지향을 숨기지 않는다. 주지의 사실이지만, '어머니'가 생명의 발상, 즉 자궁이라는 측면에서 근원 정서의 강력한 한 축을 형성한다면 그렇게 태어난發生 생명을 오롯이 키워낸다養育는 의미에서 '고향'은 근원 정서의 또 하나의 강력한 축이 된다.

우리가 일반적으로 고향에 대해서 품게 되는 애틋함 속에는 그것이 긍정적이든 부정적이든 '고향'이 단순히 시공간이나 거주의 지명을 의미하는 것이 아니라 인간의 심리적 관계, 즉 '심적心的' 맥락이 반드시 들어있다. 고향은 시간상으로 몇 살부터 몇 살, 혹은 몇 년부터 몇 년까지로 규정할 수도 있고, 어디에서 어디까지로 공간상으로 제한할 수도 있다. 또 그렇게 확장할 수도 있고, 축소할 수도 있다. 고향이 어디냐는 질문에 가끔 필자도 그냥 '서울'이라고 대답한다. 그 넓디넓은 서울이 다 고향이 될 수 없음에도 말이다. 그런데 이 대답이 아무 무의미한 것은 아니다. 왜냐하면, 고향을 규정하는 세 번째 요소인 심적 맥락에서는 어떤 생활양식이나 문화적 동질성 등을 통해 끊임없이 고향을 재구성하기 때문이다. 마찬가지로 '옛날 고향'이 지금은 '내 고향'이 아니게 되기도 한다. 시간에 따라 바뀌기도 하는 것이다.

> 뒤척이는 선잠 속에서 멈춰버린 시간들을 깨운다.
> 마음이 앞서서 작은 영토에 도착한다.
>
> —「집으로 가는 길」 부분

> 오랜만에 찾은 고향 많이도 변해버렸네.
> 산허리를 기던 늙은 신작로가 반듯한 젊은이가 되어 있네.
>
> 이마를 땅에 붙인 낮은 집들은 고개를 치켜들고,
> 내가 살던 집도 몇 번을 고쳐 설기만 하네.
>
> 옛사람은 오고 가는 이야기 속에 서성이고,
> 또래들은 어른 되어 고향 인심을 베풀고 있네.
>
> —「나의 살던 고향」 부분

시인의 고향 인식은 시집에서 표현을 빌자면, '이소' 이후에 더 구체적으로 명확해진다. 일반적으로 '집으로 가는 길'은 안식과 위로를 기대하는 설렘의 과정으로 드러난다. 이를 시인은 "낯익은 골목을 들어서면 오래된 노랫소리가 들린다./하다가 그만둔 이야기들이 다시 생기를 찾는다."라고 표현하지만, 그의 '작은 영토'는 아무래도 갑자기 뽑혀와 '낯선 도시에 얹혀사는 신세'가 된 '소나무'처럼 이식移殖의 느낌을 지워버릴 수 없다. 반면에 '어머니와 아버지와 오빠와 언니'가 등장하는 '고향' 인용한 후자의 작품에서 약간의 해학을 섞여 드러난다.(여기서 해학은 마음의 여유와 등가물이다) 시인은 "산허리를 기던 늙은 신작로가 반듯한 젊은이가 되어 있네."와 "내가 살던 집도 몇 번을 고쳐 설기만 하네."처럼 소위 환경의 변화에서 어색함을 토로하기도 하지만, "또래들은 어른 되어 고향 인심을 베풀고 있네."와 "뒷집 살던 오라버니 환대에 눈시울이 붉어지고/잇속 환한 그의 아내가 내어준 밥상은 예전 어머니의 손맛"을 느끼는 인적 요소에서 고향의 항상성恒常性을 본다. 나아가 시인이 현재 거주하는 '서울'은 "아프지 않으면 거기 갈 일이 없네, 허 허 허 허."라며 손사래를 치는 곳이 된다. 비약하면 어쩌면 서울은 '병자病者'들만 찾는 곳일지도 모른다.

동천의 한가운데 낯선 섬이 생긴다.
어느새 푸른 이끼와 풀들이 섬을 감고 섬을 이룬다.

주민은 왜가리 한 마리
그마저도 좁아서 맨날 다리 하나로 섬을 지킨다.

누추한 잿빛 두루마기 바람 깃 여미며 미동이 없다.
학보다도 더 흰 새 옷 한 벌 지어 입히면 학이 될까.

먼 산 바라보는 근엄한 눈이 가끔씩 물속에 번뜩인다.

아버지 흰 두루마기 동구 밖 어두운 길 학처럼 오시네.
어린 딸이 뜀박질로 마중을 간다.

—「낯선 섬」 전문

시인은 눈앞의 현상과 기억 속의 상징적 편린片鱗을 결합해 '어떤 고향'을 그려낸다. 그 고향은 '낯선 섬'인데 왜냐하면 현실에서 자주 등장할 수 없는 아버지가 한 마리 '학'처럼 주요한 모티프로 등장하기 때문이다.

시인은 어느 날 "동천의 한가운데 낯선 섬이 생"기는 것을 본다. 여기서 '동천'은 실제 지명인지 그저 '동쪽으로 흐르는 내'를 표현한 것인지 알 수 없다. 굳이 따질 이유도 없다. 시인이 자꾸 그쪽에 시선을 돌리게 되는 것은 거기 주민이 "누추한 잿빛 두루마기 바람 깃 여미"는 '왜가리 한 마리'이기 때문이다. 아니다, 누추한 행색이지만 "먼 산 바라보는 근엄한 눈"이 어쩌면 "흰 두루마기 동구 밖 어두운 길 학처럼 오"시는 아버지의 자태와 닮았기 때문이다. 이 작품은 어쩌면 '어린 딸'의 가장 소중한 기억을 표현한 것일지도 모른다.

숙녀가 되었다고 오라버니가 내민 첫 구두,
그 속에 나의 스무 살은 오랜 꿈을 버리지 않고 있었다.

마음의 굳은살이 나이만큼의 두께로 단단해진 지금도
발밑에 서성이는 그림자 더 멀리 가보자고 탐색 중이다.

누가 등 떠밀어 이 자리에 있는지 알 수는 없다.
지나온 길 돌아봐도 한 번도 고집하지 않았었다.
아직 타인처럼 신겨진 구둣발로 새로운 길 닦고 있다.
—「첫 구두」 부분

우리는 시간을 개념화해서 이해할 수밖에 없지만, 과거는 이미 다 흘러갔고 그래서 현재에 아무 영향이 없는 축적물이 아니다. '첫'이 상징하는 것처럼 '구두'는 이미 기억 속의 유물이지만, "그 속에 나의 스무 살은 오랜 꿈을 버리지 않고 있"다. 그래서 시인은 "발밑에 서성이는 그림자 더 멀리 가보자고 탐색 중이"고, "아직 타인처럼 신겨진 구둣발로 새로운 길 닦고 있"는 것이다. 비약하자면, "마음의 굳은살이 나이만큼의 두께로 단단해"질 때 더 열심히 걸어갈 수 있는 그 길은 아마도 '시의 길'임에 분명하다.

3.

은정 시인의 이번 시집, 『동천의 낯선 섬』에 "불모를 극복하는 불망의 시학"이라 해설 표제를 붙였다. 물론 작품의 대상, 가령 '은장도', '옛고향', '조그마한 무덤', '낯선 섬'처럼 애잔함과 부정적 정서를 환기한다고 해서 '불모'라 규정할 수는 없다. 불모는 상대적으로 '불망', 즉 잊지 않으려던 시인의 자세를 강조하기 위해 차용借用한 어휘일 뿐이다. 또한, 불모는 사막이나 황야, 빙원氷原이 아니라 늘 어려워도 가능성은 남아있는 지대를 지칭한다는 점도 고려해야 한다. 어쨌든 시인은 과거를 기억하고 되살리려는 자세로 지금 자신의 시학을 건설하고 있다. 이는 역사가가 할 수 없는 일이다. 그래서 시인에게 '바람만'은 단순 가정일 수 없다.

너무 빨리 와 버린 시간이 더 이상 갈 수 없는 한 해의 끝에,
맨발로 쫓겨난 아이처럼 울음을 물고 있다.

괜한 조바심으로 오지랖을 펴 보지만, 꼭 쥔 손힘조차 빼지
못하고 창 너머 짐승처럼 번뜩이는 어둠을 밀어내고 있다.

쉼표 같은 마지막 종소리는 멈추었고, 발밑을 간질이며 밀물
처럼 태어난 시간은 벌써 와 있다.

아직 만나지 않은 불꽃같은 바람 하나 품고, 이 밤 지나온
시간을 새로 오는 시간에 덧대어 깁고 있다.

—「바람만바람만」 전문

아무리 어떤 노력을 해도, 그 어떤 진실한 기원祈願을 드려도 지나간 시간은 되돌아오지 않는다. 불가역이니, 열역학법칙이니 등 장황하게 늘어놓을 필요가 없다. 시간을 이미 충분히 경험한 우리는 우리의 경험치로 충분히 잘 알고 있다. 이런 심사를 시인은 인용 작품의 1연에 "너무 빨리 와 버린 시간이 더 이상 갈 수 없는 한 해의 끝에, 맨발로 쫓겨난 아이처럼 울음을 물고 있다."라고 멋지게 표현하고 있다. 그러나 시인은 곧 "쉼표 같은 마지막 종소리는 멈추었고, 발밑을 간질이며 밀물처럼 태어난 시간은 벌써 와 있"음을 깨닫는다. 직선의 시간이 갑자기 순환의 모양으로 바뀌는 것이다. 그래서 시인은 "아직 만나지 않은 불꽃같은 바람 하나 품고, 이 밤 지나온 시간을 새로 오는 시간에 덧대어 깁고 있"는 자신의 작업, 굳이 유추하자면 시작詩作을 담담하게 드러내 보일 수 있다. 이 작품은 바람이 '바람風'이고 '바람希'이면서 '바람만바람만'으로 연기連記함으로써 '바람만if~'일 수도 있게 만들었다는 한 가지 이유만으로도 충분히 기억할 만한 작품이다.

앞에 이미 여러 차례 강조한 것처럼 은정 시인은 '기록으로서의 시의 가치'를 충분히 인식하고 있고, 이를 구체적으로 형상화하기 위해 부단히 노력하고 있는 것으로 보인다. 그 시도들이 간단없이 최선의 결실을 이루길 사족으로 덧붙인다.